Brigitte Barz • Mit Kindern beten

Brigitte Barz

Mit Kindern beten

Urachhaus

In dankbarem Gedenken an meine Eltern

ISBN 3-8251-7024-1

© 1995 Verlag Urachhaus GmbH, Stuttgart
Umschlag: Bruno Schachtner, Dachau, unter Verwendung
des Bildes »Sonnenkinder« von Richard Neal.
Druck: WB-Druck, Rieden.

Inhalt

I

Beten mit Kindern

Zur Einstimmung

»Welch Geheimnis ist ein Kind!«
»Welche Würde trägt ein Kind!«
»O wie heilig ist ein Kind!«

Mit diesen Sätzen beginnen die drei Strophen des Gedichtes »Göttliche Kindheit« von Clemens von Brentano. Im Evangelium gibt es Schilderungen großer Innigkeit, die die Kinder betreffen. Sie offenbaren uns etwas von dem Verhältnis Christi zu den Kindern. Da gibt es zum Beispiel die wunderbare Szene, die mit den Worten beginnt: »Da wurden Kindlein zu ihm gebracht, daß er die Hände auf sie legte und betete.« (Matthäus 19,13) »Lasset die Kindlein zu mir kommen und wehret ihnen nicht.« Und dann nimmt der Gottessohn »eins ums andere in die Arme und segnete sie, indem er die Hände auf sie legte.« (Markus 10, 13–16) Wer würde sich diesen Segen nicht für sein Kind wünschen! Wir können im Evangelium den Hinweis auf das finden, was Christus für alle Zukunft bei jedem Kind tun möchte. Auch heute noch möchte er eins ums andere in seine Arme schließen und es segnen. Das geschieht, wenn wir mit den Kindern beten.

Vom Beten

Im Gebet entfalten sich die allerbesten Kräfte unserer Seele. Dadurch strömt eine unmittelbar geistige Kraft in sie ein. In diesem Sinne charakterisiert Rudolf Steiner das Wesen des Gebetes. Unser Denken, Fühlen und Wollen wird durch den

Vorgang des Betens angeregt und erhebt sich zur göttlichen Welt. Die Einseitigkeiten des Alltagslebens lassen häufig Tiefenschichten der Seele verkümmern. Umso dringender kann das Bedürfnis werden, innerlich und äußerlich innezuhalten und ein Gebet zu sprechen. Wir kommen dadurch wieder zu uns.

Das Gebet ist auch ein Gespräch. Die betende Seele spricht zu Gott. Ein echtes Gespräch ist aber niemals nur ein einseitiges Sprechen, es gehört auch die Antwort dazu. Können wir uns vorstellen, daß Gott uns ohne Antwort läßt? Gewiß nicht! Es gibt immer eine Antwort, ja man kann sogar sagen: es gibt kein unerfülltes Gebet! Wir müssen uns nur im inneren Lauschen üben, um die Antwort als solche zu erkennen. Natürlich fällt der »Gesprächsbeitrag« Gottes nicht immer im gewünschten Sinne aus. Das liegt an unseren menschlichen Begrenzungen. Immer aber wird das Gebet als erste Antwort ein wenn auch noch so zartes Friedenserlebnis mit sich bringen. »Wir haben mit dem Gebete selber etwas in unsere Seelen gesenkt, das wir erleuchtende und erwärmende Kraft nennen können.« [1]

Zum Wesen des Gebetes gehört, daß wir auch für andere beten können. Damit lassen wir andere Menschen an dem erleuchtenden und erwärmenden Kraftstrom teilnehmen. Dies eröffnet uns eine Möglichkeit, die in der Zukunft immer mehr an Bedeutung gewinnen kann. Alle, die für Kinder und mit ihnen beten, lassen den erwärmenden und erleuchtenden Kraftstrom zu ihnen hinfließen und regen gleichzeitig die besten Seelenkräfte des betenden Kindes an. Eine Kinderkrankenschwester sagte einmal: »Wenn ich für ein krankes Kind bete, dann ist es mir so, als nähme ich das Kind in die Arme und hielte es in die Sonne.« Treffender kann man wohl kaum ausdrücken, was in jedem Gebet für andere geschieht.

Das Gebet kann auch als ein bewußt geübter Brückenschlag von »hier nach dort« erlebt werden. Denn im Beten leuchtet der Mensch im Göttlichen auf; gleichzeitig strömen ihm göttliche Kräfte zu.

Wann kann man mit dem Beten beginnen?

Diese oft gestellte Frage ist schnell zu beantworten, und manchen Eltern ergibt sich die Antwort aus einem inneren Bedürfnis wie selbstverständlich. Denn aus der überströmenden Dankbarkeit nach dem die Seele bis in die Tiefe erschütternden Ereignis der Geburt kann der Wunsch, ein Gebet zu sprechen, wie von selbst entstehen. Wie schön ist es (und wäre es), wenn die ersten Worte, die auf der Erde an das Ohr des Kindes dringen, die Worte eines Gebetes sind. Dazu eignen sich ganz besonders das Vaterunser, der Anfang des Johannesevangeliums (der Prolog), das Gebet »In dich ströme Licht...« oder auch die Worte, die Rudolf Steiner »für die Zeit nach der Geburt« empfohlen hat.

Jeder Tag des Kindes auf der Erde sollte mit einem Gebet abgeschlossen werden, jeder Erdentag mit einem solchen beginnen. Aus dem am Anfang noch intensiv erlebten täglichen Glück darüber, daß das Kind »da ist«, kann das Beten seine innere Grundlage finden, die dann zur selbstverständlichen Gewohnheit wird; einer Gewohnheit, die den Eltern nicht nur Aufgabe, sondern inneres Anliegen ist.

Aber wir sollten uns die oben gestellte Frage noch einmal stellen. Denn viele Menschen sind heute auf der Suche nach einer neuen Beziehung zur göttlichen Welt. Und aus innerer Redlichkeit mögen sie nichts tun, »nur um der Form zu genügen«. Wem aber eine Ahnung vom Wesen des Gebetes aufgeht, der hat den Augenblick gefunden, auch das Beten mit den Kindern zu beginnen. Wir dürfen auf die Gnade und Güte Gottes fest vertrauen. Jeder auch noch so anfängliche Versuch wird liebevoll angenommen. Alle Betenden wissen um das offenbare Geheimnis: die Kraft und innere Sicherheit wachsen im Tun!

Die Wahl des Gebetes

Die Wahl des Gebetes wird im wesentlichen von zwei Faktoren abhängig sein. Zum einen von dem Alter des Kindes, zum anderen von dem Zugang, den die Eltern zu dem Inhalt des Gebetes haben.

Für das Beten gibt es drei große »Epochen«. Die erste geht vom Augenblick der Geburt bis zum dritten Lebensjahr. In dieser Zeit betet man *über* dem Kind. Die zweite große Epoche umfaßt die anschließende Zeit bis zum 14. Lebensjahr (wenn es überhaupt so lange möglich ist). Da betet man *mit* dem Kind. In der Zeit danach, in der der junge Mensch das religiöse Tun selbst in die Hand nehmen muß, kommt die lange Zeit des Betens in der Stille *für* das »Kind«.

Der Zugang der Eltern zu dem Gebet ist wichtig. Denn ein von innen erfülltes Sprechen wird umso besser möglich sein, je stärker der Betende sich in ein Verhältnis zu den Inhalten setzen kann. Nicht alle vorhandenen Kindergebete sind von gleichem geistigem Rang. Die uns von Rudolf Steiner gegebenen Gebete gehören sicher zu den bedeutendsten. Die im zweiten Teil des Buches folgenden Betrachtungen sind ein Versuch, etwas von der Größe und Schönheit einiger dieser Gebete zu zeigen. [2]

Der Wechsel des Gebetes

Es empfiehlt sich, zu bestimmten Zeiten einen Wechsel des Gebetes vorzunehmen. Es ist gut und heilsam, durch längere Zeit bei dem gleichen Text zu bleiben, es ist aber auch richtig, für manche Zeitabschnitte ein neues Gebet zu wählen.

Die Zeit von der Geburt bis zum dritten Lebensjahr ist ein erster Abschnitt. Für diese Zeit gibt es das wunderbare Gebet »In dich ströme Licht« von Rudolf Steiner (siehe 2. Teil des Buches). Mit dem dritten Lebensjahr ist der Augenblick gekommen, in dem das Kind selber mitsprechen will und sollte, dadurch ist ein Wechsel angebracht.

Auch um das neunte Lebensjahr kann ein neues Gebet gegeben werden. Das Kind tritt in eine wichtige Phase seiner Entwicklung. Es macht einen wesentlichen Schritt aus der bisherigen Geborgenheit in die weitere Selbständigkeit. Diese Loslösung bringt auch Verluste mit sich. Das kann bei manchen Kindern bis in die Empfindung der »Heimatlosigkeit« gehen. Ein neues und altersgemäßes Gebet kann hier hilfreich sein.

Ein weiterer Einschnitt ist um das zwölfte Jahr. Die seelischen Kräfte verstärken und verselbständigen sich. Man kann diesen älteren Kindern den Zugang zu einem neuen Gebet erleichtern, wenn man mit ihnen über den Inhalt und die Schönheit des Gebetes spricht, sie auf manche Motive aufmerksam macht. [3]

Der Zeitpunkt des Übergangs von einem zum anderen Gebet kann vielleicht der Geburtstag sein, der Tauftag oder eines der großen christlichen Feste, zu denen die Kinder ein besonderes Verhältnis haben, wie Weihnachten, Ostern und Michaeli.

Um für das Kind den Übergang vorzubereiten und zu erleichtern, könnte man rechtzeitig davon sprechen, daß das Kind ein neues Gebet bekommen wird. Begleitet man das Sprechen darüber mit der eigenen Empfindung, daß damit dem Kind etwas Kostbares übergeben wird, wird sich auch bei dem Kind dafür eine gute Stimmung und Aufnahmebereitschaft bilden. Oft empfiehlt sich ein gleitender Übergang, besonders bei dem Wechsel um das dritte Lebensjahr. Dann betet man zuerst das Gebet »für« das Kind und lädt es dann (nach mehrmaligem Hören) ein, das neue Gebet schon ein wenig mitzusprechen. Man spricht am besten Zeile für Zeile vor und läßt sie nachsprechen. Nach kurzer Zeit wird das Kind das Gebet im ganzen mitsprechen. Das Gebet extra mit dem Kind zu lernen, ist nicht angebracht.

Den Wechsel eines Gebetes hat eine zwölfjährige Schülerin mit dem Umzug in eine neue Wohnung verglichen, in der man sich auch erst allmählich wieder »ganz zu Hause« fühlt.

Die eigene Vorbereitung
auf das Beten

Daß diese nötig ist, kann allen Eltern zur unmittelbaren Erfahrung werden. Denn das abendliche Zubettgehen verläuft nicht immer glatt und stimmungsvoll. Es stellt oft, besonders bei mehreren Kindern, erhebliche Anforderungen an die Geduld und seelische Strapazierfähigkeit der Eltern. Denn da tauchen plötzlich bei den Kindern diese oder jene Wünsche auf und alle möglichen und unmöglichen Einfälle, um das Schlafen hinauszuschieben. Das kann bei aller Liebe auch anstrengend sein und ist der Gebetsstimmung nicht gerade dienlich. Wie kann man »schnell« in die notwendige, dem Gebet einen inneren Raum öffnende Stimmung kommen? Denn längere Besinnungszeiten sind einfach nicht möglich.

Grundsätzlich ist natürlich da die Erinnerung an die für das eigene Beten gepflegte Stimmung hilfreich.[4] Eine solche Stimmung kann durch die Erinnerung manchmal sofort wieder eintreten. Von dem Wesen Gottes gehen geistige Sonnenkräfte aus, geistiges Licht und geistige Wärme. Die Sonnenkräfte Christi können von dem Betenwollenden erbeten werden. Man »zieht dann Christus an«, wie es der Apostel Paulus angeregt hat. Nach dieser Besinnung geschieht das darauf folgende Beten nicht nur aus eigener Kraft.

Es kann auch hilfreich sein, sich für einen Augenblick auf das wahre Wesen des Kindes zu besinnen. Denn »hinter« dem Kind steht ja das Wesen eines Menschen, der nur, wie wir alle, sein Erdenleben als Kind beginnt. Ein Mensch, der geistig größer und bedeutender sein kann, als wir Erwachsenen es sind. Zu jedem Menschen gehört auch ein Engel, der den Menschen durch sein Erdenleben führt. An den Engel des Kindes zu denken, kann eine innige Gebetsstimmung anregen.

Rudolf Steiner nennt auch einmal die Empfindung von Ehrfurcht und Dankbarkeit »Gebetsstimmung«. Um zu diesen beiden Qualitäten zu kommen, hilft es, sich auf die eigene Ehrfurcht vor dem Göttlichen zu besinnen und sich in Dankbarkeit bewußt zu werden, daß man ein Kind anvertraut bekam. Auch die kurzgefaßte Bitte

> *»Und des Kindes Seele*
> *Sie sei von mir geleitet*
> *Nach Eurem Willen*
> *In die geistigen Welten.«* *

kann zur rechten Einstimmung auf das Beten mit dem Kind dienen.

Wohl jeder, der Kinder zu erziehen hat, wird am Abend auch um so manches wissen, was nicht gelungen ist. Auch daraus kann der Impuls gestärkt werden, dem Tag des Kindes bewußt auch andere Kräfte hinzuzufügen: Göttliche Kräfte, die das zu heilen vermögen, was wir vielleicht sogar geschadet haben.

Als kleine äußere Praxis hat sich oft als hilfreich erwiesen, wenn man die Kerze für das Gebet mit dem Kind nicht im Zimmer selber anzündet, sondern mit brennendem Licht, das vielleicht sogar sorgsam von einer Hand behütet wird, das Schlafzimmer des Kindes betritt. Mit dem Anzünden kann dann gleichzeitig ein kleiner Augenblick des »Atemholens« für die Eltern verbunden sein.

* Siehe auch Seite 35

Die Vorbereitung des Kindes
auf das Beten

Sie wird kaum zum Problem werden, wenn das Kind vom Beginn seines Lebens an das Beten gewöhnt ist. Dann findet das abendliche Zubettgehen damit seinen selbstverständlichen Abschluß, dann gehört es zum Morgen hinzu. Es gibt Kinder, die erleben die Qualität des Gebetes so stark, daß sie ohne Abendgebet nicht einschlafen können und daß ihnen am Morgen etwas fehlt, wenn der Morgenspruch nicht gesprochen wurde.

Mit dem abendlichen Zubettgehen sind bekanntlich manche Unruhen verbunden. Das Auskleiden und Waschen bringt, besonders bei mehreren Kindern, manchen Wirbel und Spaß mit sich. Für den Übergang in die ganz andere Stimmung der Andacht helfen verschiedene erprobte Möglichkeiten.

Bei kleinen Kindern (bis zum dritten Lebensjahr) empfiehlt es sich, eine Kerze anzuzünden und dann mit brennender Kerze ein oder zwei Abendlieder zu singen. Melodien in Quintenstimmung haben eine wunderbar harmonisierende Wirkung. Dann kann man das Beten mit einem Satz einleiten, zum Beispiel: Nun wollen wir beten. Nach einem kleinen Augenblick der Stille wird dann mit gefalteten Händen das Gebet gesprochen. Beim Beten selber sollte man versuchen, mit seinem Bewußtsein nicht bei dem Kind, sondern bei dem Inhalt des Gebetes zu sein. Denn es geht nicht um ein Vorführen, sondern um ein echtes Tun. Nach dem Gebet und dem Gute-Nacht-Wunsch braucht eigentlich nicht mehr gesprochen, auch nicht mehr gesungen zu werden. Wenn nur Ausnahmen diesen Ablauf unterbrechen, hat man einen guten, tragfähigen Rhythmus geschaffen, den das Kind dann auch von sich aus suchen wird.

Ob ein Kind für das Beten liegen, stehen, knien oder im Bett sitzen soll, ist einmal eine Frage des Alters und zum anderen abhängig von der persönlichen Einstellung und Sicht der Eltern. Es lassen sich für alles gute Gründe anführen. Das Falten der Hände wird im allgemeinen selbstverständlich den Eltern nachgeahmt. Es ist ein herzbewegender Augenblick, wenn es das Kind zum erstenmal von sich aus tut. Wer mit der Leier oder Kinderharfe umgehen kann, hat eine wunderbare Möglichkeit, die kleine Abendfeier damit zu bereichern.

Bei älteren Kindern, ab dem dritten Jahr, sollte die Einheit von Lied und Gebet bleiben. Allmählich wird aber noch vorher das eine oder andere besprochen und erzählt werden wollen. Diesem vertraulichen Beisammensein sollte man genügend Raum lassen. Später wird an dieser Stelle vielleicht auch einmal das ausgesprochen werden, was das Herz des Kindes bedrückt. Wer einem Rat Rudolf Steiners folgen möchte, der schaut am Abend vor dem Schlafen mit dem Kind nur auf die guten und schönen Ereignisse, die der Tag mit sich brachte, hin und hebt sie nochmals hervor. Alles andere, was mißlungen ist und einer Korrektur bedarf, sollte eine Angelegenheit des Tages, eventuell des nächsten Tages sein. Wenn das Singen und Beten wieder durch das Hereintragen der brennenden Kerze eingeleitet wird, ist der Übergang in die Andachtsstimmung gut zu finden. (Aber auch das Entzünden im Schlafzimmer kann ein feierlicher Augenblick sein.)

Spannende Geschichten unmittelbar vor dem Einschlafen zu erzählen oder vorzulesen, wird sich kaum bewähren. Bei empfindsamen Kindern sind auch die Märchen nicht direkt vor dem Einschlafen zu empfehlen. Es ist viel besser, den Tag mit Liedern »ausklingen« zu lassen und dem Kind dann durch das Gebet einen ruhigen Übergang in den Schlaf zu erleichtern.

Je älter das Kind wird, umso größer wird auch der eigene Anteil an der Abendgestaltung. Manche Kinder werden noch etwas lesen wollen, andere mögen (und können im Stimmbruch!) nicht mehr singen, einige suchen das abendliche Gespräch am Bett und schauen gerne mit den Eltern auf die Tagesereignisse zurück, wieder andere möchten das für sich alleine vollziehen (die Bedürfnisse können da auch wechseln) – mit Behutsamkeit und Takt wird das jeweils Richtige schon gefunden werden. Wenn es möglich ist, bis zum 14. Lebensjahr mit dem Kind zu beten, hat man ihm Wertvollstes für das Leben mitgegeben. »Wer nicht in der Jugend gelernt hat, die Hände zu falten, kann sie im späteren Alter nicht zum Segnen ausbreiten.« [5]

Das Gebet am Abend

»Wunder-voller Hain der Nacht,
den wir Tag um Tag betreten…«

Mit diesem Hymnus auf die Nacht beginnt ein Gedicht Christian Morgensterns. Die Übergänge vom Schlafen zum Wachen und vom Wachen in den Schlaf sind kostbare, wichtige Grenzen. In der Nacht tauchen wir ein in die Welt, in der wir vor der Geburt waren, in der wir nach dem Tode wieder sein werden. Früher nannte man deshalb den Schlaf »den kleinen Tod«.

Ein neugeborenes Kind schläft noch sehr viel. Im Schlaf weilt es mit seiner Seele in der Welt, aus der es gerade kam, und holt sich neue Kraft für den Erdentag. Das Schlafbedürfnis der Kinder läßt allmählich nach, die Erde wird erobert. Aber jeden Abend dürfen die Kinder, dürfen wir alle wieder zurückkehren in den »wunder-vollen Hain der Nacht«. Wir bringen alle etwas mit in die Nacht: die Frucht des Tages. Sie wird angeschaut von den göttlichen Mächten. Aus der Geistbegegnung schöpfen wir neue Kraft für den kommenden Tag mit seinen Aufgaben.

Die Kinder tauchen tief ein in die Sphären der Nacht und erleben das Gesundende und Heilende des Schlafes ganz besonders. Sie ruhen, wie es in einem Gebet ausgedrückt wird, »in Gottes Seligkeit«. *

Solche Gedanken erhellen die große Bedeutung des Abendgebetes. Die Seele erhebt sich in ihren besten Kräften und wendet sich der göttlichen Welt zu. Zugleich zieht sie göttliche Kräfte an sich heran. An einen Hinweis Rudolf Steiners anschließend darf man sagen: Durch das Abendgebet fliegt gleichsam die Seele des Kindes dem Engel in die Arme!

Zum Abschluß sei ein kleines Abendgespräch eines dreieinhalbjährigen Jungen mit seinem Patenonkel wiedergegeben.

»Nun schlaf gut und träum' was Schönes!«

»Ich träume immer das Gleiche!«

»Was denn?«

* Siehe auch Seite 58

»Ich klettere auf das Dach und fliege in den Himmel.«

»Wie fliegst du denn in den Himmel?«

»Die Engel ziehen mich rauf.«

»Und wie ist es da im Himmel?«

»Warum fragst du das? Du warst doch selbst da!«

Das Gebet am Morgen

Das Morgengebet ist zumeist von mehr Schwierigkeiten und Hinderungen umgeben als das Abendgebet. Das liegt auch in der Qualität des Morgens selber. Ein gesundes Kind wacht im allgemeinen mit Freude für den neuen Tag auf. Es ist oft gleich »ganz da« und fängt manchmal schon vor dem Frühstück zu spielen an. Und nicht selten kommt es vor, daß die Eltern vom Kind geweckt werden und nicht umgekehrt! Die natürlich »ideale« Möglichkeit, für den Morgen eine ähnliche Feierlichkeit einzurichten wie für den Abend, das heißt das Kind selber zu wecken und dann als erstes das Morgengebet mit ihm zu sprechen, ein Morgenlied mit ihm zu singen, wird nur selten in die Tat umzusetzen sein. Da kann der Gedanke tröstend helfen, daß man von einem zweifachen Aufwach– und Aufweckvorgang sprechen kann. »Aufgewacht« ist das Kind vielleicht schon von selber. »Aufgeweckt« kann es werden durch das Morgengebet. Denn jedes Gebet bringt uns nicht nur in eine Beziehung zur göttlichen Welt, sondern auch in eine innigere Beziehung zu uns selber. Es »erweckt« uns. Jeder Betende kennt diese Erfahrung. In der Nacht war die Seele des Kindes im Geistigen, der wahren Heimat eines jeden Menschen. Durch das Morgengebet erbitten wir bewußt aus dieser Heimat Segen für den Tag. Mit dieser Erweckung und Segnung geht das Kind gut versorgt in den neuen Tag.

Wann das morgendliche »Erwecken« stattfinden soll, wird sich jede Familie individuell einrichten. Ob es noch im Kinderzimmer geschieht oder vor dem gemeinsamen Frühstück, wichtig ist da die Gewohnheit und der Rhythmus, sie ersparen uns viel unnötig eingesetzte Kraft. Von Friedrich Rückert gibt es die schöne Aufforderung:

> *»Versäume kein Gebet, doch das der Morgenröte*
> *versäume nie, weil keins den gleichen Segen böte:*
> *Der Engel von der Nacht, der Engel von dem Tag*
> *umschweben dies Gebet mit gleichem Flügelschlag.«*

Das Tischgebet

Ein kleines Mädchen faßte einmal das beim täglichen gemeinsamen Tischgebet Erlebte in den Satz zusammen: »Wir machen einen Brunnen.« Vielleicht stand hinter diesem Ausspruch das Erleben von der im Tischgebet aufquellenden Dankbarkeit. Die Natur bringt uns ihre Gaben dar. Wir nehmen das Dargebrachte – das Geopferte – an und bereiten uns daraus die Nahrung, die uns unser irdisches Leben erhält. Damit ist auch die Grundlage geschaffen für unsere innere Entwicklung. Unsere lebendige und immer neue Dankbarkeit gegenüber der Natur und den in ihr wirkenden Wesenheiten ist eine Antwort und Gegengabe für das Opfer. Sie kann vor und nach jeder Mahlzeit zur Gewohnheit des Herzens werden, die im Tischgebet und dem abschließenden Dank ihren Ausdruck findet. Je früher ein Kind in diese Sitte durch das Miterleben eingeführt wird, umso selbstverständlicher wird sie angenommen und zum inneren Bedürfnis werden.

In der Not haben schon viele Menschen die Erfahrung gemacht, wie das wenige, aber mit Dank Verzehrte mehr ernährte und Kraft gab als ohne diesen Dank. Woran das wohl liegt? Im echten Dank verbinden sich die Bereiche des Seins: Das Sein des Menschen mit dem Sein der Schöpfung; das Sein des Menschen mit dem göttlichen Sein. So kann das Tischgebet zum Quellort des Dankes werden und zugleich zum Gefäß für den herabströmenden Segen. Vielleicht ist das Bild des Brunnens hier wirklich ganz zutreffend.

Es kann sich die Frage stellen, wann es günstig ist, mit dem Tischgebet zu beginnen. Vielleicht ist der Zeitpunkt gekommen, wenn das Kind seine Nahrung nicht mehr durch die Muttermilch, sondern von der Erde bekommt. Natürlich kommt es in dem Alter nicht auf ein Verstehen des Inhaltes an. Das Wesentliche ist das durch das Gebet Erzeugte: die Stimmung und geistige Substanz.

Ein erstes, auch schon für ganz kleine Kinder geeignetes Tischgebet kann das folgende von Christian Morgenstern sein.

> *Erde, die uns dies gebracht,*
> *Sonne, die es reif gemacht,*
> *Liebe Sonne, liebe Erde,*
> *Euer nie vergessen werde.*

Später wird man übergehen zu anderen Tischsprüchen, die immer durch die innere Haltung Gebetscharakter annehmen können.[6] Das Tischgebet kann gemeinsam oder von einzelnen Familienmitgliedern für alle gesprochen werden. Bei jüngeren Kindern wird man das gemeinsame Sprechen vorziehen, bei älteren Kindern und Jugendlichen das individuelle.

Für viele Menschen ist das folgende Tischgebet von Rudolf Steiner besonders kostbar geworden. Bei häufig wiederholtem Sprechen kann sich seine besondere Qualität erschließen.

> *Es keimen die Pflanzen in der Erdennacht,*
> *Es sprossen die Kräuter durch der Luft Gewalt,*
> *Es reifen die Früchte durch der Sonne Macht.*
>
> *So keimet die Seele in des Herzens Schrein,*
> *So sprosset des Geistes Macht im Licht der Welt,*
> *So reifet des Menschen Kraft in Gottes Schein.*

Das Keimen, Sprossen und Reifen der Pflanzen wird zum Gleichnis für das seelisch-geistige Werden des Menschen. Die Pflanzen ernähren sich durch die Wurzeln von unten aus der Erde und durch ihre Blätter von oben aus Luft und Licht. Das Werden des Menschen hat seinen Quellort im Herzen. Es bedarf aber auch der Kräfte von »oben«. Das Wort »Dank« kommt in dem Tischgebet nicht vor. Der Dank ist der innere Grund zur lebendigen Tat.

Das Vaterunser

Das Vaterunser ist das größte und erhabenste Gebet der Welt. Christus hat es gebetet und gab es als sein Gebet den Menschen. Wird es in rechter Gesinnung gebetet, dann betet Er es im Menschen mit. Alle Weisheit der Welt ist in den »sieben Bitten« eingeschlossen.[7] Das Vaterunser sollte dem Kind nicht unbekannt bleiben. Vielleicht darf es dieses Gebet zu besonderen und feierlichen Anlässen von den Eltern gebetet hören. Solche Anlässe können zum Beispiel Geburtstage, der Tauftag, die großen christlichen Feste, Geburt und Tod und herausragende Schicksalssituationen sein. Bei etwas älteren Kindern, vielleicht ab dem neunten Lebensjahr, ist es auch, für das Kind gesprochen, als zusätzliches Sonntagsgebet gut denkbar. Damit das Kind dann als junger Mensch bereit ist, dieses Gebet als eigenes zu übernehmen, ist es hilfreich, wenn eine ehrfürchtige Ahnung für seinen hohen geistigen Rang in seiner Seele lebt und der Text ihm auswendig zur Verfügung steht. Einst war das Vaterunser den Christen eine entscheidende Kraftquelle für das Leben. Was kann man mehr hoffen und wünschen, als daß der junge Mensch sich diese Kraftquelle erschließen wird.

Fürbitte mit Kindern

Es gibt heute ungezählte Menschen, die den Zugang zum Gebet wieder gefunden haben durch die Möglichkeit, es für andere zu tun. In der Fürbitte, wenn sie nicht von eigenen Wünschen zu stark bestimmt ist, kann etwas von dem Wesen des Gebetes in besonders reiner Weise aufleuchten. Das »allgemeine Priestertum« (Luther) des Christen erweist sich in der Fürbitte in seiner Größe. Im Schicksalsumkreis des Kindes wird es immer wieder Anlässe geben, mit dem Kind die Fürbitte zu üben. Denn auch Kinder können in innerer Not um einen anderen Menschen sein und sind erleichtert und beruhigt, wenn sie etwas »tun« können.

Die Fürbitte kann verschiedene Ausdrucksformen finden. Bei kleinen Kinder (ab dem 3. Jahr) wird man vor dem Abendgebet des Menschen kurz gedenken und erwähnen, daß man ihn nun mit ins Gebet einschließen wird.

Vor etwas älteren Kindern wird man das wunderbare Fürbitte-Gebet von Rudolf Steiner sprechen können. Es ist für einen oder mehrere Menschen formulierbar. Das Gebet wendet sich an den Engel des (oder der) Menschen. Er wird »Geist deiner Seele« (oder: Geister eurer Seelen) genannt. Ein Strom von Liebe wird aus der Seele des Betenden entbunden, der sich helfend mit der Macht des Engels einen möchte.

Die Grundstimmung dieser Fürbitte ist eine wohltuende Selbstlosigkeit. Dadurch erlebt das Kind das Bemühen, den eigenen Wunsch und Willen in einen höheren Willen zu stellen, im Sinne des Urgebetes Christi: »Nicht mein, sondern dein Wille geschehe.« (Lukas 22, 42)

> *Geister eurer Seelen, wirkende Wächter!*
> *Eure Schwingen mögen bringen*
> *Unserer Seelen bittende Liebe*
> *Eurer Hut vertrauten Erdenmenschen,*
> *Daß mit eurer Macht geeint,*
> *Unsre Bitte helfend strahle*
> *Den Seelen, die sie liebend sucht.*

Wenn man das Gebet als Fürbitte für Verstorbene sprechen möchte, dann wird in der vierten Zeile das Wort »Erdenmensch(en)« durch »Sphärenmensch(en)« ersetzt.

Dieses Gebet eignet sich auch zum gemeinsamen Sprechen. Kann das Kind diese Worte einmal »auswendig«, dann hat es damit einen kostbaren Schatz zur Verfügung, der in mancher Not und Sorge hilft.

Das Vaterunser ist *das* große Fürbitte-Gebet der Christen. Das geht schon aus dem mehrmaligen »uns« hervor. Man kann es gar nicht nur für sich beten.

Mit mehreren Kindern beten

Sind in einer Familie mehrere Kinder, dann stellt sich natürlich die Frage, ob alle ein gemeinsames Gebet sprechen sollen oder jeder sein dem Alter entsprechendes. Eine Hilfe für die Antwort finden wir, wenn wir daran denken, daß Rudolf Steiner vorhatte, jedem Kind, das in einem der von ihm besuchten heilpädagogischen Heime lebte, ein eigenes Gebet zu geben. Dazu ist es nicht mehr gekommen. Aber auf diesem Hintergrund wird es richtig sein, mit jedem Kind das seinem Alter entsprechende Gebet zu sprechen. Kinder einer Altersgruppe können gemeinsam beten. Zum Beispiel alle von 3–9 Jahren: »Vom Kopf bis zum Fuß...«

Schlafen Kinder verschiedener Altersgruppen in einem Raum, wird man vielleicht mit dem jüngsten Kind beginnen. Es schadet nichts, wenn die Kinder sich gegenseitig beim Beten zuhören; es fördert die gegenseitige Duldsamkeit und Achtung voreinander.

Sollte die Familie am Morgen unter Zeitdruck stehen, dann kann man sich helfen durch einen für alle gemeinsamen Morgenspruch. Das ist besser als aus Zeitnot ganz darauf zu verzichten.

Gebeugte Knie – Gefaltete Hände

Der Frage, ob und warum man beim Beten hinknien und die Hände falten kann, hat Rudolf Steiner eine eindrucksvolle Betrachtung gewidmet:

»Versuche man einmal, sich aus dem äußeren Ausdruck der Andacht klarzumachen, wie gerade in der äußeren Geste des Menschen die Andacht wirkt. Sie wirkt gerade da, wo die bedeutendste Fähigkeit des Menschen sich entwickelt, als äußerer Ausdruck. Was tut der andächtige Mensch im äußeren Ausdruck? Er beugt das Knie, faltet die Hände und bewegt das Haupt zu dem in Andacht verehrten Wesen oder Gegenstand.

Das sind diejenigen Organe des Menschen, durch die sich das Ich, und vor allen Dingen dasjenige, was wir die höheren Seelenglieder des Menschen nennen, am intensivsten ausleben kann. Der Mensch steht physisch aufrecht im Leben durch seine stramm gehaltenen Beine. Der Mensch wird ein Segnender im Leben, das heißt er strahlt die Wesenheit seines eigenen Ichs durch seine Hände aus; und er wird ein solcher, der Himmel und Erde beobachtet durch dasjenige, was in seinem Haupte ist durch Bewegung seines Hauptes. Die Beobachtung der Menschen aber lehrt uns ferner, daß in selbstbewußter Tatkraft unsere Beine am besten gestreckt werden, wenn sie sich zuerst dazu verstanden haben, gegenüber dem wirklich zu Verehrenden die Knie zu beugen. Denn in dem Knie-Beugen liegt die Aufnahme einer Kraft, die wie in unseren Organismus hineinstrebt. Diejenigen Knie, die sich strecken, ohne jemals gelernt zu haben, sich in Andacht in die Kniebeuge zu begeben, die spreizen nur dasjenige, was sie immer gehabt, die spreizen die eigene Nichtigkeit, zu der sie nichts hinzugefügt haben. Die Beine aber, die sich bequemt haben zum Kniebeugen, nehmen mit dem Strecken der Knie eine neue Kraft auf, und jetzt spreizt sich nicht die Nichtigkeit, sondern das, was neu aufgenommen wurde. Diejenigen Hände, die segnen wollen, die trösten wollen, ohne daß sie vorher in Ehrfurcht und Andacht sich gefaltet haben, die können nicht viel hingeben von Liebe und Segen als ihre eigene Nichtigkeit. Die Hand aber, welche gelernt hat sich zu falten, die hat mit dem Falten zur Andacht eine Kraft aufgenommen, die jetzt die Hand durchströmen kann; und sie ist eine mächtig vom Selbste durchzogene Hand geworden. Denn der Weg jener Kraft, die durch gefaltete Hände aufgenommen wird, der Weg geht, bevor er sich in die Hände ergießt, durch das menschliche Herz und entzündet die Liebe; und die Andacht der gefalteten Hände wird, indem sie geht durch das Herz und in die Hände fließt, zum Segen. Der Kopf, der die ganze Welt beschaut, der überall seine Augen hinrichtet und seine Ohren hineinspreizt, mag noch so viel durchmessen mit Augen und Ohren, er kann überall den Dingen nur seine eigene Leerheit gegenüberstellen. Jener Kopf aber, der sich in Andacht zu den Dingen hingeneigt hat, der wird wiederum aus der Andacht eine Kraft schöpfen, die ihn durchströmt; der wird nicht seine eigene Leerheit, sondern die Gefühle, die er durch die Andacht aufgenommen hat, den Dingen entgegenbringen.«[8]

II

Zu einzelnen Gebeten

Vorbemerkung

Es folgen nun Betrachtungen zu einzelnen Gebeten, die Rudolf Steiner für die Kinder gab. Mit der Auswahl ist keine Wertung verbunden. Vorangestellt sind die beiden kurzen Gebete für Mütter. Die Betrachtungen sind natürlich nicht für die Kinder bestimmt, sondern nur als Anregungen für die Eltern gedacht. Es ist noch vieles mehr zu den einzelnen Gebeten zu sagen. Jeder, der sich mit ihnen beschäftigt, wird wunderbare Entdeckungen machen und weitere Zugänge zu den Inhalten finden. Die Kapitelüberschriften stammen nicht von Rudolf Steiner. Sie sind ein Versuch, bestimmte Motive des Gebetes aufzugreifen. Manchmal hat Rudolf Steiner ein Gebet ausdrücklich als Morgen- oder Abendgebet bezeichnet, manchmal auch eine Altersangabe gegeben. Manche Gebete sind sich in ihrem Wortlaut ähnlich.

Zwei Gebete für die Mutter

Für die Mutter hat Rudolf Steiner zwei kurze Gebete gegeben. Das eine ist für die Zeit vor der Geburt, das andere für die Zeit danach bestimmt. Es ist jeweils nur ein Satz, der da gebetet wird. Er ist leicht zu merken, und wenn man sich mit ihm vertraut gemacht hat, wird er vielleicht oftmals am Tage durch die Seele ziehen.

Vor der Geburt

Und des Kindes Seele,
Sie sei mir gegeben
Nach Eurem Willen
Aus den geistigen Welten.

Das Gebet fängt mit »und« an. Dieses kleine vielgebrauchte Wort ist ein Bindewort; wir wählen es, wenn wir unmittelbar an etwas Vorangegangenes anschließen wollen. Der obige Satz wäre auch sinnvoll, wenn das »und« fehlen würde. Da es aber da steht, müssen wir suchen, woran es anschließt. Das ist für die Mutter schnell gefunden! Sie trägt ja ein Kind unter ihrem Herzen, wie man so schön zu sagen pflegt. Sie ist mit ihrem ganzen Organismus bereit, einen neuen Leib in sich heranzubilden. Heilige, unermeßlich große Vorgänge wirken in ihr. Die Schwangerschaft ist ein Gottesdienst! Denn die Mutter dient im wahren Sinn des Wortes der göttlichen Welt, damit ein Mensch auf die Erde gesandt werden kann. Zu diesem fortwährenden Gottesdienst gehört auch eine große Opferbereitschaft, denn der Alltag bringt manchmal große Beschwerden mit sich. Der Kinderseele den Leib zu bereiten, das ist ihr hingebungsvoller, manchmal vielleicht nicht bewußter Wille. Die Mutter lebt auf den großen Augenblick der Geburt des Kindes zu. Es ist der Augenblick, in dem aus der Ewigkeit der göttlichen Welt die Seele des Kindes sich mit dem in der irdischen Zeitlichkeit gebildeten Leib verbindet.

Die Mutter wendet sich in dem Gebet an die geistige Welt und erbittet aus »deren« Willen, das heißt aus dem Willen Gottes und der ihm dienenden Engel die Seele des Kindes. Zu der Hingabe des Leibes von der irdischen Seite der Mutter muß die Hingabe der Seele von der göttlichen Seite hinzukommen, dann hat sich die Geburt ereignet. Auf diesen Augenblick der Geburt richtet sich bittend das »und«.

Durch die Formulierung »nach Eurem Willen« rührt das Gebet an die Sphäre des entsprechenden Satzes im Vaterunser, in dem sich der betende Mensch in bewußter Demut in den Willen Gottes hineinstellt. Dann ist es auch nicht mehr entscheidend, ob ein Junge oder Mädchen kommt. Es kommt ein gottgesandter Mensch!

Nach der Geburt

Und des Kindes Seele,
Sie sei von mir geleitet
Nach Eurem Willen
In die geistigen Welten.

Auch dieses Gebet beginnt mit »und«; damit wird das Gebet an die geschehene Geburt angebunden. Sie ist ein mit Worten kaum zu beschreibendes Ereignis, das die Eltern mit tiefer Dankbarkeit erfüllen kann. Aus göttlich-geistigen Welten ist ihnen ein Mensch anvertraut. Vieles bringt das Kind mit, in vielem ist es aber auch abhängig von den anderen Erdenmenschen, insbesondere von seinen Eltern. Vom Himmel kommt die Seele, zum Himmel soll sie einmal wieder aufsteigen. Dazwischen liegt der Erdenweg, der fruchtbringend sein soll, so daß die Seele mit dem auf der Erde erworbenen »Schatz« zurückkehrt.

Dieses kurze Gebet ist zugleich ein Bekenntnis, eine Willenskundgebung der Mutter, das Kind nicht nur nach eigenem Willen, sondern auch nach dem Willen der göttlich-geistigen Welt zu leiten. Darin liegt letztlich alles das, was mit dem Begriff »religiöse Erziehung« umschlossen wird. Bei aller Erdenfreude und Erdenbejahung soll das Kind auch die wahre Heimat des Menschen nicht vergessen.

Das »und« in dem ersten Gebet stellt den Bezug her zur Schwangerschaft und zu dem der Schwangerschaft oft vorangegangenen Beschluß der Mutter. Das »und« in dem zweiten Gebet verweist auf den Alltag nach der Geburt mit all seinen Mühen und Freuden, die das Kind mit sich bringt.

Die große Fürbitte der Eltern

In dich ströme Licht, das dich ergreifen kann.
Ich begleite seine Strahlen mit meiner Liebe Wärme.
Ich denke mit meines Denkens besten Frohgedanken
An deines Herzens Regungen.
Sie sollen dich stärken,
Sie sollen dich tragen,
Sie sollen dich klären.
Ich möchte sammeln vor deinen Lebensschritten
Meine Frohgedanken,
Daß sie sich verbinden deinem Lebenswillen
Und er in Stärke sich finde
In aller Welt,
Immer mehr
Durch sich selbst.

Dieses Kindergebet ist als erstes Gebet geeignet. Man kann mit ihm von Geburt an beginnen. Der Erwachsene spricht es bis etwa zum dritten Lebensjahr »über« dem Kind. Dann wird das Kind allmählich gerne selber mitsprechen, und ein Wechsel ist angebracht, denn dieses Gebet trägt deutlich den Charakter einer Fürbitte.

In dich ströme Licht, das dich ergreifen kann.

Mit dem Augenblick der Geburt erblickt der Mensch das »Licht der irdischen Welt«. Die Eltern werden wohl nie die ersten »Augenblicke« ihres Kindes in diese Welt vergessen. In der ersten Bitte des Gebetes erbittet man aber nicht das Licht dieser Welt, der Sonne, obwohl auch sie für das Leben unerläßlich ist. Man bittet um das Licht dessen, der von sich sagt: »Ich bin das Licht der Welt« (Johannes 8,12). Auch das Licht Christi ist wie das äußere Licht nicht selber sichtbar, aber es macht wie dieses »sichtbar«. Die Lichtkraft Christi kann das Kind ergreifen und mächtig in ihm wirken. Denn in den ersten drei Lebensjahren lebt jedes Kind in einer unmittelbaren Christusnähe. Sie bewirkt, daß das Kind stehen und gehen, sprechen und denken kann.[9] Indem dieser Satz über dem Kind gebetet wird, bekennt sich der Betende zu der das Kind ergreifenden Lichtwirkung Christi und bittet um diese Gnade.

Ich begleite seine Strahlen mit meiner Liebe Wärme.

Hat der erste Satz die Lichttat Christi zum Inhalt, so fügt der zweite Satz etwas vom Betenden selber hinzu. Die Herzenswärme seiner Liebe möchte das Strahlen Christi begleiten. Aus seiner persönlichen Christusbeziehung darf er sich so mit Christus verbinden für das Kind, aus Seiner Richtung mitwirken. Die Eltern nehmen so an einem »Gottesdienst« teil.

Für das Sprechen dieses Satzes ist es wichtig, daß die Wärme der Liebe in dem Augenblick des Betens wirklich erzeugt wird.

Ich denke mit meines Denkens besten Frohgedanken
An deines Herzens Regungen.

Dreimal kommt in diesem Satz das Wort »denken« vor. Die Art und der Inhalt unseres Denkens können von unterschiedlicher, positiver oder negativer Qualität sein. Im Umkreis des Kindes sollte auf Negatives zugunsten der »besten Frohgedanken« verzichtet werden, denn das ganz junge Kind ist auch den Gedanken und Empfindungen, die die Menschen in seiner Gegenwart haben, hilflos ausgesetzt. »Frohgedanken« sind nicht immer selbstverständlich da, aber wir können uns darum bemühen. Frohe Gedanken stellen sich leicht ein, wenn man daran denkt, wo das Kind herkommt; daß mit ihm eine göttliche Sendung verbunden ist und daß es auch selber den Erdenweg gewollt hat, um auf ihm seinen Zielen entgegenzustreben. Für diese Zukunft sind die Regungen der Herzenskräfte der Menschen maßgeblich.

Wie froh und dankbar darf man sein, wenn man erlebt, daß das Kind sich zu einem herzlichen, herzkräftigen Menschen entwickelt.

Sie sollen dich stärken,
Sie sollen dich tragen,
Sie sollen dich klären.

Wie real die Gedanken genommen werden dürfen, das geht auch aus diesen drei Wünschen hervor. Dem Kind fließt aus den Frohgedanken Stärke zu; es wird ihm dadurch ein Boden der Lebenssicherheit gebildet, und zugleich ist eine Führung damit verbunden, die dem Kind helfen soll, in sein wahres Wesen hineinzuwachsen.

Ich möchte sammeln vor deinen Lebensschritten
Meine Frohgedanken,
Daß sie sich verbinden deinem Lebenswillen.

In diesem wunderbaren Satz werden die betenden Eltern zu Wegbereitern des Kindes. So wie man im äußeren Leben für die ersten Schritte des Kindes möglichst alle Unebenheiten aus dem Weg räumt, damit es sicher gehen kann, so möchte man auch im übertragenen Sinn dem Kind helfen, die Schritte ins Leben, die ja immer mit einem stärkeren Ergreifen seines Menschenseins verbunden sind, zu bejahen, zu unterstützen und zu fördern – auch wenn die einzelnen Entwicklungsschritte zu einer immer deutlicher werdenden Loslösung von den Eltern führen. Nicht nur Gehen, Sprechen und Denken, diese Urereignisse, gehören zu den »Lebensschritten« und dem Lebenswillen des Kindes. Es kann auch etwas Mühsames, zum Beispiel eine Kinderkrankheit, dazugehören. Manche Eltern beobachten nach einer Krankheit »einen deutlichen Schritt« beim Kind.

Und er in Stärke sich finde
In aller Welt,
Immer mehr
Durch sich selbst.

Das Gebet mündet mit seinen letzten Zeilen in eine große Selbstlosigkeit, in die Eltern betend hineinwachsen. Der Lebenswille des Kindes soll lernen, sich letztlich durch sich selbst zu finden und an Stärke zu gewinnen. Dazu wollen ihm die Eltern helfen. Das bringt aber gleichzeitig eine allmähliche Loslösung von ihnen mit sich. In den ersten drei Jahren ist sie noch gering, aber sie wird immer größer werden. Kindergarten und Schule sind da gewichtige Ereignisse. Zu diesem Selbstständigwerden hilft auch »die Welt«. Alles was in ihr wahr, schön und gut ist, dient diesem Prozeß. Dem Kind das von der Welt zu zeigen, was in ihr der Wahrheit, der Schönheit und dem Guten entspricht, soll in ihm nicht eine Illusion einer sogenannten »heilen Welt« erwecken, sondern sein Vertrauen und seine Liebe zu der Welt stärken. So kann es selber einmal als helfender und heilender Mensch in ihr wirken.

Das Kreuz und die Sonne

Vom Kopf bis zum Fuß
Bin ich Gottes Bild,
Vom Herzen bis in die Hände
Fühl ich Gottes Hauch.
Sprech ich mit dem Mund,
Folg ich Gottes Willen.
Wenn ich Gott erblick'
Überall, in Mutter, Vater,
In allen lieben Menschen,
In Tier und Blume,
In Baum und Stein,
Gibt Furcht mir nichts,
Nur Liebe zu allem,
Was um mich ist.

Durch den Gebrauch des Wortes »ich« wird deutlich, daß dieses Gebet erst von dem Alter an gesprochen werden sollte, in dem das Kind von sich aus »ich« zu sich sagt, also etwa vom dritten Lebensjahr an. Das Gebet wird nicht extra gelernt, sondern der Erwachsene spricht – betet – es jeden Abend, das Kind wird es nach und nach mitsprechen.

Der Erwachsene, der über das Gebet nachsinnt, wird etwas von dessen Größe erleben können. Solche Besinnungen helfen, es im Augenblick des Vollzuges erfüllt zu sprechen.

Vom Kopf bis zum Fuß

Das Kind nimmt seinen Weg von oben nach unten. Es kommt aus der göttlichen Welt, die wir im Vaterunser mit »oben« bezeichnen, und stellt sich allmählich unten auf die

Erde. Das ist der Weg der Inkarnation. Auch das Sich–Aufrichten des Kleinkindes vollzieht sich von oben nach unten. Erst hebt es das Köpfchen, dann kann es sich setzen, schließlich stellt es sich auf die Füße und lernt gehen. So liegt in der ersten Zeile eine aufrichtende Geste, ein Ergreifen der Senkrechten, das Stehen auf der Erde.

Bin ich Gottes Bild

In der Schöpfungsgeschichte des Alten Testamentes heißt es: »Lasset uns den Menschen machen, ein Bild, das uns gleich sei … und Gott schuf den Menschen in seinem Bilde, im Bilde Gottes schuf er ihn…« (1. Mose 1, 26 u. 27). Schon lange hat man davon gewußt, daß der Leib des Menschen eine kleine Welt, ein Mikrokosmos ist, die im Zusammenhang mit der großen Welt, dem Makrokosmos steht. In der aufrechten Gestalt des Menschen drückt sich etwas von seiner Menschenwürde, von seinem göttlichen Ursprung aus.

Vom Herzen bis in die Hände

Auch diese Zeile hat eine innere Geste: das Ausbreiten der Hände. Sie geht vom Herzen aus. Zu der Senkrechten fügt sich die Waagerechte hinzu. Der Mensch steht da in der Gestalt des Kreuzes.

Fühl ich Gottes Hauch

In der oben erwähnten Schöpfungsgeschichte (1. Mose 2, 7) wird berichtet, wie der Mensch aus dem Wesen Gottes den Atem des Lebens empfangen hat. Einen zweiten Anhauch Gottes empfängt die Menschheit durch den Auferstandenen: »Und da er das gesagt hatte, hauchte er sie an und sagte zu ihnen: Empfanget heiligen Geist!« (Joh. 20, 22). Was wir mit unseren Händen tun, das kann von Herzenskräften durchseelt und durchgeistet werden. Sie haben letztlich ihren Ursprung im Göttlichen, auch wenn wir das oft vergessen.

Sprech ich mit dem Mund,
Folg ich Gottes Willen.

Zur Würde des Menschen gehört auch die Fähigkeit zu sprechen. Daß wir Worte gebrauchen und mit ihnen wirken dürfen, ist göttliche Gnade. Eine Ahnung davon kann in uns einziehen, wenn wir in diesem Sinne an den Beginn des Johannesevangeliums denken. Dort heißt es: »Im Urbeginne war das Wort, und das Wort war bei Gott, und ein Gott war das Wort.« Indem sich das Kind mehr und mehr in den Umgang mit der Sprache hineinlebt, folgt es dem göttlichen Willen, der den Menschen mit dem Sprachvermögen begabt hat.

Wenn ich Gott erblick', überall

Alles, was uns aus dem Bereich der Natur umgibt, ist göttlichen Ursprungs, ist aus dem Schöpferwort Gottes entstanden. Dies ergibt ein tiefe »Verwandtschaft« des Menschen mit der ganzen Schöpfung und die Ehrfurcht vor allem, was über, unter und neben uns ist. Das Kind wird, wenigstens im Augenblick des Betens, angehalten, »mit Gott« hinzublicken auf alles, was es umgibt.

In Mutter, Vater,
In allen lieben Menschen

Nachdem das Kind durch die Geburt die himmlische Heimat verlassen hat, findet es in der Gemeinschaft der »lieben Menschen« seine neue Geborgenheit und irdische Heimat.

Je mehr Menschen schützend und liebevoll führend für das Kind da sind, um so sicherer und freudiger kann es sich mit der Erde verbinden.

In Tier und Blume

Wie herzlich vermag sich ein Kind an Tieren und Blumen zu freuen! Ein kleines Marienkäferchen, ein Schmetterling, ein Häschen, Kätzchen, Lämmchen...vornehmlich sind es die kleinen und jungen Tiere, die in dem Kind einen Strom von Zärtlichkeit und Liebe entbinden. Auch bei den Blumen sind es nicht die großen, edlen, seltenen Blüten, die das Kind in erster Linie entzücken, sondern auch hier eher die kleinen, zarten Blüten der Schneeglöckchen und Krokusse, der Veilchen und Anemonen, der Gänseblümchen und des Löwenzahns. Durch die Freude an den Tieren und Blumen erwärmt sich das Kind innerlich, seine Seele beginnt auszustrahlen.

In Baum und Stein

Wie bei der Aufrichtung, so geht auch hier der Weg von oben nach unten, vom beseelten Tier bis zum toten Stein. Wie gerne nehmen Kinder einen Baum in die Arme, um zu sehen, ob sie ihn umfassen können. Wie anders sieht der Baum im Sommer und Winter aus, aber er ist für das Kind »immer da«, wie die Steine, die der Erde Festigkeit geben, auf denen man herumklettern kann und die man als kleine Schätze mit nach Hause bringt. Das Vertrauen des Kindes in sein Erdendasein wächst, von den lieben Menschen bis zum Stein.

Gibt Furcht mir nichts

Als die Menschen vom verbotenen Baum im Paradies gegessen hatten, fingen sie an, sich zu fürchten. So ist die Angst eine Folge des Sündenfalls. Jeder Erdenmensch, auch das kleine Kind, hat unter ihr zu leiden. Das »Fremdeln« und die Angst vor Dunkelheit sind deutliche Anzeichen dafür und rufen nach dem Verständnis und der liebevollen Hilfe der Eltern.

> *Nur Liebe zu allem,*
> *Was um mich ist.*

So wie die Furcht im Sündenfall und der dadurch eröffneten Beziehung der Widersachermächte zu dem Menschen ihren Ursprung hat, so hat die wahre Liebe ihren Ursprung im Wesen Gottes. Gott ist die Liebe. Indem der Mensch sich in seiner Kraft lieben zu können erlebt, vermag er die Furcht, woher sie auch immer kommen mag, zu überwinden. Mit dem Eintauchen in diese erlösende und heilende Liebe schließt das Kindergebet.

In den ersten Zeilen haben wir als innere Geste die Senkrechte und Waagerechte, das Kreuz erleben können. Die »Liebe zu allem« fügt zu diesem Kreuz ein sonnenhaftes Ausstrahlen hinzu.

Demut und Mut

MORGENGEBET

Sonne, du leuchtest über meinem Haupte,
Sterne, ihr scheinet über Feld und Stadt,
Tiere, ihr reget und beweget euch auf der Erdenmutter,
Pflanzen, ihr lebet durch die Erd- und Sonnenkraft.
Steine, ihr festigt Tier und Pflanze
Und mich, den Menschen,
Dem des Gottes Macht
Lebt in Kopf und Herz,
Der mit Gottes Kraft
Durchwandelt die Welt.

Sonne, du leuchtest über meinem Haupte

Dieses wunderbare Morgengebet beginnt mit dem Wort »Sonne«. Wohl alle Kinder der Welt haben eine besondere Beziehung zur Sonne. Sie macht uns durch ihr Licht die Welt sichtbar, sie schenkt uns ihre Wärme. Von dieser einen Sonne darf jeder sagen: Sie leuchtet über meinem Haupte! Leonardo da Vinci hat das geistige Wesen der Sonne tief empfunden und konnte sagen: »Alle Seelen stammen von der Sonne.«

Durch den ersten Gebetssatz wird eine helle, warme Empfindung angeregt.

Sterne, ihr scheinet über Feld und Stadt

Daß der Sternenhimmel uns auch am Tage umgibt, das gerät so leicht in Vergessenheit. Mit diesem Satz wird nun das Kind am Morgen angeregt, diese Tatsache in seine Vorstellung aufzunehmen. Die Sterne scheinen über Feld und Stadt. Immer. Auch wenn Wolken den Himmel verdecken. Der innere Blick zur Sonne ging in die Höhe, nun weitet er sich aus. Er folgt dem Sternenmantel des Himmels und läßt so das Umhüllende, Beschützende zum Erlebnis werden. Die Natur (das Feld) und die vielen Menschen sind unter ihm geborgen.

Tiere, ihr reget und beweget euch auf der Erdenmutter

Welch ein liebevolles Verhältnis zur Erde wird mit dem Wort »Erdenmutter« angeregt! Die Erde als ein lebendiges Wesen anzusehen, sie zu achten, zu pflegen und zu lieben, das gehört zu den großen Aufgaben der Zukunft. Auf dieser Erdenmutter regen und bewegen sich die Tiere. Da die Kinder im allgemeinen die Tiere lieben, werden sie dabei an manche denken.

Pflanzen, ihr lebet durch die Erd- und Sonnenkraft

Von den Tieren geht der innere Blick weiter in das nächste Naturreich, das der Pflanzen. Die Erdenmutter ernährt die Pflanzen, die in ihr wurzeln. Aber jede Pflanze hat auch ein Verhältnis zur Sonne. Sie erhält durch sie ihre Aufrichtekraft und ernährt sich auch durch ihr Licht. Himmel und Erde wirken hier ganz besonders zusammen.

Steine, ihr festigt Tier und Pflanze

Auch die Steine, die zum untersten Naturreich gehören, werden in das Gebet miteinbezogen. Sie geben den Tieren und Pflanzen den sicheren Halt, den Boden und als mineralische Substanz die innere Struktur, die Festigkeit, mit der sie ihre Formen und Gestalten bilden können.

Und mich, den Menschen

Erst nachdem der Himmel, die anderen Menschen (Stadt) und die Erde mit ihren Reichen angesprochen wurden, bezieht das betende Kind sich selbst ein. Es erübt sich betend die große Seelentugend der Demut.

Jede Zeile beginnt mit einem Hauptwort, das durch ein Satzzeichen von dem weiteren Satz getrennt ist und damit besonders hervorgehoben wird. Auffallen kann auch die persönliche Ansprache: Sonne – du; Sterne, Tiere, Pflanzen, Steine – ihr. So kann man nur beten, wenn man sie als Wesen anerkennt und auf ihren göttlichen Ursprung hinschaut. Die Ehrfurchtskräfte werden dadurch im Kind angeregt.

Dem des Gottes Macht
Lebt in Kopf und Herz

Die göttlichen Kräfte walten nicht nur in den Erscheinungen der Natur, sondern auch im Menschen. Kopf und Herz werden hier genannt. In Gedanken, die der Wahrheit entsprechen, und in Gefühlen, die im wahren Sinn »schön« sind, lebt die Macht Gottes. In Menschen kann sie sich weiter offenbaren; der Mensch kann ein »werdender« sein durch diese in ihm lebende Macht. Der so oft in weiter Ferne gedachte Gott ist in Wirklichkeit ganz nah, er ist mit der Seele des Menschen verbunden. Zu der Sicherheit, die die »Erdenmutter« dem Kind gibt, kommt jetzt das tiefe Vertrauen in die Gottesnähe hinzu.

Der mit Gottes Kraft
Durchwandelt die Welt.

Auch die Wahl der Verben, der Tätigkeitsworte, ist in diesem

Gebet ganz wunderbar und charakteristisch. Die Sonne leuchtet; die Sterne scheinen; die Tiere regen und bewegen sich; die Pflanzen leben; die Steine festigen die anderen Reiche der Natur, und zum Menschen gehört nun das »Durchwandeln«. Es ist ein Wort mit doppelter Bedeutung. Wir können »wandeln« gebrauchen in Sinne von bewußt wahrnehmendem Gehen und zum anderen im Sinne von etwas wandeln, umwandeln, Verwandlung bewirken, in uns, aber vielleicht auch in aller Bescheidenheit im anderen Menschen und in der Welt. Wenn wir das aber vermögen, dann ist es nur möglich durch des Gottes Macht in Kopf und Herz. Christus, der Gottessohn, ist der Bewirker aller Verwandlungen.

Das Gebet endet nicht beim Menschen, sondern wieder bei der Welt, in der wir täglich als Handelnde leben. Den neuen Tag mit der Hilfe Gottes zu »durchwandeln«, das kann zu unserem höchsten Ziel werden.

Die Worte dieses Morgengebetes, in Ehrfurcht gesprochen, führen die Seele des Kindes zuerst in die Demut vor der Schöpfung Gottes und erwecken dann den Mut, die Schritte in das Leben zu tun, denn die Kraft Gottes ist mit dem Kind.

Abendlicher Dank

Mein Herz dankt,
Daß mein Auge sehen darf,
Daß mein Ohr hören darf,
Daß ich wachend fühlen darf
In Mutter und Vater,
In allen lieben Menschen,
In Sternen und Wolken:
Gottes Licht,
Gottes Liebe,
Gottes Sein,
Die mich schlafend
Leuchtend
Liebend
Gnadespendend schützen.

Das Gebet ist für Kinder geeignet, die schon bewußt »ich« zu sich sagen. Also etwa von dem dritten Lebensjahr an. Das geht aus der vierten Zeile deutlich hervor. Es sollte wie alle Gebete von dem Kind nicht extra gelernt werden, sondern durch das Beten selber sich einprägen. Das Kind wird bald mitsprechen.

Mein Herz dankt

Das erste und grundlegende Motiv in diesem Gebet ist die Dankbarkeit. Sie durchzieht es durchgehend bis zur letzten Zeile. Der Dank hat seinen Quellort im Herzen. Hier ist das Herz als Ort gemeint, wo der Mensch seiner Gottverbundenheit inne wird. In einem anderen Kindergebet

Rudolf Steiners wird von dem Herzen gesprochen als von dem Ort, da »Gottes gütevolles Menschenlenken« zu spüren ist. Wenn das Herz dankt, dann strömt diese innige Gottesverbundenheit in Wärme nach außen. Das Sein des Dankenden verbindet sich mit dem Sein dessen, dem zu danken ist. Christian Morgenstern nennt diesen Vorgang in seinem Gedicht »Die Fußwaschung«: »In Dank verschlingt sich alles Sein.« So vollzieht das Kind im Danken einen tief religiösen Vorgang.

Daß mein Auge sehen darf,
Daß mein Ohr hören darf

Augen und Ohren *dürfen* sehen und hören! In dieser Formulierung, die auch in der nächsten Zeile auftaucht, wird die Gnade miteinbezogen, durch die dem Menschen diese Sinne sich erschlossen haben. An den schweren Kinderschicksalen, wie zum Beispiel dem der blinden und tauben Helen Keller, können wir etwas davon ermessen, wie groß das Gnadengeschenk des Sehens und Hörens ist. Sehen und Hören sind für das Kind in besonderer Weise die Tore zur Welt. Es darf mit ihnen an »Gottes schöner Welt« seinen Anteil nehmen. Aber alles Gehörte und Gesehene übt auch eine »bildende« Wirkung auf das Kind aus. So werden sorgsam erziehende Eltern manchmal sagen: »Das soll mein Kind möglichst noch nicht sehen, nicht hören müssen.«

Daß ich wachend fühlen darf
In Mutter und Vater,
In allen lieben Menschen

Vom »mein Auge – mein Ohr« geht es nun über zu dem »Ich«. Im Fühlen wird kein äußerer Sinn angesprochen, sondern ein innerer, wir dürfen ihn hier vielleicht einmal den »Seelensinn« nennen. Indem das Kind diese Worte betet, wird sein Seelensinn angeregt für das, was letztlich hinter der ganzen Schöpfung, dem Gesehenen und Gehörten, den Eltern und allen lieben Menschen lebt.

In Sternen und Wolken

Bevor ausgesprochen wird, was der Seelensinn des Kindes fühlen darf, werden auch noch die Sterne und Wolken erwähnt. Die Dunkelheit der Nacht wirkt auf manche Kinder zeitweise etwas beängstigend. Sie verlangen dann, je nach Temperament ungestüm oder auch ängstlich bittend, nach »ein bißchen Licht«. Zur dunklen Nacht gehören immer die Sterne, auch wenn wir sie durch die Wolken nicht sehen können. Der durch die Eltern oder andere liebe Menschen angeregte ehrfurchtsvolle Aufblick zum Sternenhimmel tut dem Kind bis in die Tiefen seines Wesens gut. Wenn der Erwachsene beim Anblick des gestirnten Himmels staunende Ehrfurcht entwickelt, wird auch im Kinde diese Kraft angeregt. Sie wirkt entängstigend und stärkt die Vertrauenskraft. Da die Sterne und Wolken nicht nur direkt über uns sind, sondern für das Anschauen bis zum Horizont heruntergehen, kann sich das Gefühl einer großen schützenden Hülle einstellen. Der schlafende Mensch taucht in die Sphäre ein, für die die äußeren Sterne am Himmel und ihre wunderbare Ordnung ein Zeichen sind.

Die vor den Sternen ziehenden Wolken bilden für das Erleben des Kindes ebenfalls an der großen, die Erde schützend umgebenden Hülle mit. Auch sie bergen ihren Segen in sich und spenden ihn bei uns oder bei anderen als Regen oder im Winter als den vom Kind so geliebten Schnee.

Gottes Licht,
Gottes Liebe,
Gottes Sein

In dreifacher Offenbarung darf das Kind das Wesen Gottes erfühlen: als Licht, Liebe und Sein. Diese Worte können wir dem trinitarischen Wirken Gottes zuordnen: das Licht dem heiligen Geist, die Liebe dem Sohn und das Sein dem Vater, dem Daseins- und Urgrund der Welt. Die Seele des Kindes kommt aus der göttlichen Welt. Sie hat im vorgeburtlichen Dasein das Wirken der Trinität tief in sich aufgenommen. Sie erfährt sie nun auch auf der Erde. Vater und Mutter dienen Gott. Etwas von dem Wirken der Trinität kann sich offenbaren in der Weisheit, mit der das Kind pädagogisch geführt wird, einer Weisheit, die auf Erkenntnis gegründet ist; in der Liebe, die dem Kind zuströmt; und in der Lebenssicherheit gebenden Geborgenheit, in der es aufwachsen darf.

Die mich schlafend
Leuchtend
Liebend
Gnadespendend schützen.

Am Tag erlebt das Kind die Wirkung der Trinität mittelbar durch die Menschen und, unter anderem, den äußeren Himmel; in der Nacht, im Schlaf, tritt es jedesmal wieder in ihr unmittelbares Segnen ein. Im Gebet stehen da drei Verben. »Tu-Worte« werden sie in der Schule zuerst genannt. So schläft das Kind jede Nacht in das Tun, das Schaffen der göttlichen Welt hinein: in das Leuchten des Geistes, die Liebe des Sohnes und das Gnadespenden des Vatergottes. Erfrischt und gestärkt kann es dann einen neuen Erdentag mit Freude begrüßen.

Je inniger sich der mit dem Kind betende Erwachsene mit dem Inhalt des Gebetes verbinden kann, umso erfüllter wird das Beten des Kindes sein. Mutter und Vater werden durch das Gebet immer wieder neu ermutigt und erkraftet für ihre große Aufgabe dem Kind gegenüber: sie als einen Gottesdienst zu empfinden.

Die große und die kleine Sonne

Die Sonne gibt
Den Pflanzen Licht,
Weil die Sonne
Die Pflanzen liebt.
So gibt Seelenlicht
Ein Mensch andern Menschen,
Wenn er sie liebt.

Dieses kurze Kindergebet ist von behutsamer Innigkeit. Es besteht nur aus zwei Sätzen. In ihnen werden zwei Wirkensbereiche geschildert: Die Sonne und ihr Verhältnis zu den Pflanzen, die hier wie Kinder der Sonne empfunden werden können, und der Mensch und seine Beziehung zu anderen Menschen. Die Tätigkeit der Sonne wird zum Gleichnis für das vom Menschen ausstrahlende Licht.

Nur zwei Verben tauchen in diesem Gebet auf: geben und lieben. Sie wiederholen sich, obwohl vom Sinn her eine Wiederholung mindestens für »geben« nicht unbedingt nötig wäre. Es ist also absichtlich so gefügt, Sonne und Mensch können hier geben, weil sie lieben. Daß die Sonne »lieb« ist, wird das Kind unmittelbar empfinden. Auch Kinderlieder und -verse sprechen oft von der lieben Sonne. Die Liebe, die die Menschen zueinander aufbringen, verhindert, daß das menschliche Dasein seelisch verödet und leer wird. Die Sonne gibt ihr Licht, weil es ihr Wesen ist, es zu geben. Der Mensch gibt sein Licht, *wenn* er liebt. In dem »wenn« des Gebetes öffnet sich der Freiheitsraum des Menschen. Das von Liebe getragene Geben kann für den Menschen wesentlich, das heißt, zu einem Bestandteil seines Wesens werden. Wo ist der Quellort des liebenden Seelenlichtes? Die Antwort ist schnell zu finden: Das Herz des Menschen ist die kleine Sonne, die mikrokosmische Sonne im Menschen. Das Kind kann den Gedanken von Makrokosmos (dem großen Kosmos) und dem Mikrokosmos im Menschen und deren Beziehung zueinander noch nicht fassen. Durch die Worte des Gebetes lebt es sich aber in den Tatbestand ein.

Da sich nicht nur *geben* und *lieben*, sondern auch die Hauptworte wiederholen, wird von der Wortkomposition aus der Eindruck des Gleichnishaften verstärkt.

Das Gebet läßt sich leicht lernen. Zart wie ein wärmender, weckender Sonnenstrahl berührt es die Seele des betenden Kindes.

Lieben lernen

Um mich leben viele Wesen,
Um mich sind viele Dinge,
In meinem Herzen auch –
Spricht Gott zur Welt.
Und spricht am besten,
Wenn ich lieben kann
Alle Wesen, alle Menschen.

Lieben lernen – so könnte man dieses Kindergebet über-
schreiben! Früher war es einmal ein Brauch, am 24. Dezem-
ber zur Vorbereitung auf das Weihnachtsfest, ein Paradies-
spiel aufzuführen. Ein solches ist uns in einer besonders hohen Qualität in dem »Oberuferer Paradeisspiel« überliefert.
In diesem Spiel wird der soeben in das Leben gerufene Adam
von dem Schöpfergott in die noch paradiesische Welt eingeführt. Es heißt dort:

»Sag an, Adam, wia gfallt si dir,
Die neue Welt mit irm schmuck und zier?
Verwundert di nit der erden ganz?
Oder der schene sunna glanz?«

Gott spricht zum Menschen und ruft ihn auf, die Einzelhei-
ten der Schöpfung mit Staunen zu sehen und zu begrüßen.

Beim Bedenken des oben genannten Kindergebetes kann
man den Eindruck gewinnen, daß die Seele des Kindes wie in
dem Spiel angeleitet werden soll, mit Gott hinzuschauen auf
die Welt.

Dabei spricht Gott aus dem Herzen des Kindes. Er lehrt es, die lebenden, die das Werden in sich tragenden Wesen:

Um mich leben viele Wesen

und die seienden Dinge, das schon Gewordene:

Um mich sind viele Dinge

ehrfürchtig wahrzunehmen. Erst nachdem der Blick nach außen gerichtet wurde, findet die Wendung nach innen statt:

In meinem Herzen auch –

Das Herz des Menschen ist reich. Auch in ihm lebt und ist vieles. In ihm ist sogar die Stimme Gottes wieder hörbar, die für die Menschheit allmählich verstummt war. Das Sprechen Gottes ist am besten zu vernehmen, wenn die Seele über das Staunen und die daraus hervorgehende Ehrfurcht sich steigern kann zur Liebe. Wenn wir lieben können:

Alle Wesen, alle Menschen

dann tragen wir erlösende Kraft in die Welt hinein, die durch den Sündenfall gekränkt worden ist. Denn durch die Liebe schauen wir mit der Blickrichtung Gottes auf die Welt hin und ahnen ihren göttlichen Ursprung und ihr gottgewolltes Ziel. Aus der Liebe geht eine neue Verantwortung für alles Tun hervor.

Die Offenbarungen Gottes, wo auch immer sie uns begegnen, liebend bewundern zu lernen, das gehört zu den inneren Zielen unseres Menschentums. Der mündige Mensch muß bewußt ergreifen, was im betenden Kind schon als innere Seelenfähigkeit veranlagt wird.

Umfassender Dank

Mit meinen Augen
Beschaue ich die Welt,
Des Gottes schöne Welt,
Und danken muß mein Herz,
Daß es leben darf
In dieser Gotteswelt,
Daß ich erwachen darf
In des Tages Helligkeit
Und des Nachts ich ruhen darf
In Gottes Seligkeit.

Wir sind »zum Sehen geboren, zum Schauen bestellt« (Goethe, Faust II). Goethe trifft hier eine feine Unterscheidung zwischen Sehen und Schauen. Wir können uns an diesen Unterschied herantasten, wenn wir bedenken, daß auch das Tier sehen kann. Aber nur beim Menschen kann man zu Recht von einem »Schauen« sprechen. Dem Schauen nähern wir uns, wenn wir bewußt und mit Empfindungen (z.B. mit Ehrfurcht) auf die Natur, zu anderen Menschen hinschauen. Das Schauen will geübt werden! Aus einem Beschauen der Welt kann ein großes Staunen und die Frage erwachen: Wer hat das alles so wunderbar geschaffen? Für das Kind ist die Antwort, zu der sich mancher Erwachsene erst wieder durchringen muß, noch selbstverständlich. Das alles ist »des Gottes schöne Welt«. Durch diese Antwort wird das Staunen erhöht zur Ehrfurcht, die letztlich immer ihre Steigerung in der Verehrung finden möchte.

Nun ist auch der nächste Schritt möglich, auf den das ganze Gebet als Mittelpunkt zustrebt: der Dank.

Und danken muß mein Herz

»In Dank verschlingt sich alles Sein.« In diese wohl prägnanteste Charakterisierung des Dankes mündet das Gedicht »Die Fußwaschung« von Christian Morgenstern. Wir verbinden, verschlingen unser Sein mit dem, dem wir danken. Wenn das betende Kind sein Sein durch die Belebung der Dankbarkeit mit dem göttlichen Sein verbindet, dann ist eine Brücke geschaffen, durch die ihm eine Kraft zuströmt, die sein ganzes Wesen bis ins Innerste berührt und erkraftet. Aus dieser existentiellen Stärkung geht Lebensmut und Lebensfreude hervor. Sie drückt sich aus durch das frohe »darf«, das dreimal in diesen Zeilen gesprochen wird. Ein gesundes Kind wird gerne erwachen und sich freudig dem Leben des Tages zuwenden. Es darf leben.

Manchmal ist der Übergang zum Schlafengehen nicht so ganz einfach. Aber wenn das Kind durch dieses Gebet lernt, daß es das *darf*, daß es in der Seligkeit Gottes ruhen darf, daß die Nacht die andere Seite der Gotteswelt zur Offenbarung bringt, dann wird dieser Übergang in die Nacht vorbereitet und erleichtert. Rudolf Steiner charakterisiert einmal das Wort »Seligkeit« als wirklich innere Gottdurchwärmung. In diese Sphäre darf das Kind in der Nacht eintauchen.

Aus der großen, alles umfassenden Dankbarkeit, in die auch die Nacht eingeschlossen ist, findet die immer wieder sich erneuernde Durchdringung des Kindes mit dem göttlichen Sein statt. Daraus erwächst Geborgenheit für den Tag und die Nacht.

Die hohe Gotteskraft

Oben stehet die Sonne,
Sie schenkt mir ihr liebes Licht;
Im Lichte gibt mir Gott
Die edle Kraft des Lebens,
Und des Gottes Kraft,
Sie strahlet überall
In jedem Stein,
In allen Pflanzen,
In Tieren und Menschen.
Und wenn auch
In meinem Herzen
Die Liebe wohnen kann,
Dann ziehet Gottes Kraft
Auch in mich selbst hinein,
Die hohe Gotteskraft,
Die Christus den Menschen
Auf Erden hat geschenkt.

Dieses Gebet ist von den heute bekannten Kindergebeten Rudolf Steiners wohl das einzige, in dem der Name Christi einmal unverhüllt ausgesprochen wird. Sonst ist das Wesen Christi zum Beispiel umschrieben mit der »unsichtbaren Sonne«, mit »Gottesgeist«. Von seinem ganzen Charakter her ist das Gebet für die Zeit vom 9. Lebensjahr an angebracht.

Das Gebet hat deutlich zwei Teile. Im ersten Teil wendet sich der betende Mensch, wie in vielen anderen Gebeten, der Erdenwelt, die dem Kind zur Heimat werden soll,

zu, im zweiten Teil richtet er sich auf das eigene Seelenin-
nere.

Alles auf Erden, ganz besonders auch die Sonne, hat die
Möglichkeit in sich, uns das Walten der Gotteskraft zu offenbaren. Wenn wir mit diesem inneren Ansatz auf die vielge-
staltigen Erscheinungen der Welt hinschauen, dann kann uns
die in ihnen verborgene Gotteskraft überall entgegenstrah-
len. Wir können in diesem Zusammenhang an den Beginn
des Johannes–Evangeliums denken. In den ersten Sätzen des
sogenannten Prologs (Johannes 1, 1–18) wird von dem Ursprung der Welt aus dem Schöpferwort Gottes gesprochen.
»Im Urbeginne war das Wort ... Alles ist durch dasselbe geworden.« Eine unserer wichtigsten Zeitaufgaben besteht darin, nicht nur zu *wissen*, daß das Schöpferwort sich bis ins Phy-
sisch-Leibliche verdichtet hat, sondern auch eine solche Gesinnung zu pflegen, daß das Physisch-Sinnliche uns den darin
waltenden Geist wieder zur Offenbarung bringen kann. Die
waltende Gotteskraft soll uns wieder aus der Schöpfung ent-
gegenstrahlen.

> *Und des Gottes Kraft,*
> *Sie strahlet überall*
> *In jedem Stein,*
> *In allen Pflanzen,*
> *In Tieren und Menschen –*

Dies zu erkennen, nennt Rudolf Steiner eine michaelische
Aufgabe. Sie rückt schon in den Kindergebeten immer wieder in den Mittelpunkt, ganz besonders in diesem Gebet. Damit bilden wir frühzeitig an der Gesinnung, die Paulus in
seinem Brief an die Römer vor uns hinstellt und die zum
Ergreifen der Zukunftsaufgabe führt: »Rings um uns her

wartet alle Kreatur mit großer Sehnsucht darauf, daß in der Menschheit die Söhne Gottes zu leuchten beginnen« (Römer 8, 19).

Der zweite Teil des Gebetes enthält eine Steigerung. Durch Christus ist den Menschen eine neue Kraft geschenkt worden. Die »hohe Gotteskraft« ist die Kraft der Liebe. Wo sie im Menschen wirkt, macht er einen Schritt über die erste Schöpfung hinaus. Denn die Liebe ist eine neue schöpferische Kraft, die in die Zukunft hineinführt. Der Dichter Christian Morgenstern formulierte es einmal so: »Die Liebe ist das Amen des Universums.« Das Wort Liebe wird oft mißbraucht. Seinen hohen Sinn erahnen wir, wenn wir zum Beispiel an die Worte aus dem 1. Johannes-Brief denken:

> *Gott ist Liebe,*
> *und wer in der Liebe bleibt,*
> *der bleibt in Gott,*
> *und Gott bleibt in ihm.*
>
> (4, 16)

Im Herzen des Menschen kann diese Liebe wohnen. Sie ist ein Geschenk, aber die Annahme des Geschenkes hängt auch von dem freien Willen des Menschen ab. Gibt das Herz des Menschen der Liebe Wohnung, dann lebt im Menschen eine Kraft, die schöpferisch mitwirkt an der Zukunft. So wird auch der Mensch sonnenhaft in der Welt stehen, göttliche Kräfte zur Offenbarung bringen.

Der Sonnenaufgang im Menschen

Zum Abschluß der Betrachtungen sei noch ein Gebet ange-
fügt, das sich besonders gut für Jugendliche, also ab dem 14.
Lebensjahr eignet. (Manchmal wird es auch schon vom 12.
Lebensjahr an angebracht sein.)

Mit dem Überschreiten der Schwelle von der Kindheit zur
Jugend geht der junge Mensch in eine wachsende Selbständigkeit hinein. Auch im religiösen Gebiet macht sie sich be-
merkbar. Es kommt nun die Zeit, in der die Eltern nicht
mehr *mit* ihrem »Kind«, sondern *für* es beten. Schon man-
chem Jugendlichen hat es in seinem inneren Ringen und Suchen geholfen, wenn er ahnen durfte: wenn ich es auch im
Augenblick nicht vermag, der Vater, die Mutter, die Paten, sie
beten für mich. Für die jungen Menschen, die das Gebet wei-
terhin pflegen, ist neben dem Vaterunser auch das folgende
Gebet zu empfehlen.

> *Gottes schützender, segnender Strahl*
> *Erfülle meine wachsende Seele,*
> *Daß sie ergreifen kann*
> *Stärkende Kräfte allüberall.*
> *Geloben will sie sich,*
> *Der Liebe Macht in sich*
> *Lebensvoll zu erwecken,*
> *Und sehen so Gottes Kraft*
> *Auf ihrem Lebenspfade*
> *Und wirken in Gottes Sinn*
> *Mit allem, was sie hat.*

In den meisten Kindergebeten Rudolf Steiners kommt die Sonne vor. Hier wird sie nicht erwähnt, steht aber doch wie im Hintergrund. Denn wenn jeder Mensch um einen schützenden und segnenden Strahl bittet, dann ergibt sich daraus die Vorstellung der Sonnenmacht Gottes. Der Betende stellt sich in ihr Licht. Die Seele eines jungen Menschen ist im Wachsen. Immer neue, bisher ungeahnte Möglichkeiten tun sich auf, sie bringen Leiden und Freuden. Vor Versuchungen und Gefahren ist man nicht mehr so geschützt wie in der Kindheit. Schützend, das heißt auch umhüllend, Gefahren abweisend und segnend, das heißt mit zusätzlicher Kraft erfüllend, wirkt dieser Gottesstrahl auf die Seele. Daß dem so ist, kann nur der Betende bestätigen.

In diesem Gebet wird auf einen erstaunlichen Tatbestand hingewiesen. Durch das Sich-Hineinstellen in den Strahl Gottes entsteht die Möglichkeit, »stärkende Kräfte allüberall« zu ergreifen. Das Beten bildet Aufgeschlossenheit und Aufnahmebereitschaft, damit die guten Kräfte, die überall wirken, die Seele stärken. Die Kräfte kommen uns zu durch andere Menschen, durch Gedanken, durch die Kunst, durch die Natur – kaum beginnt man, die Möglichkeiten aufzuzählen, kommt man schnell zu dem Wort »allüberall«!

> *Geloben will sie sich,*
> *Der Liebe Macht in sich*
> *Lebensvoll zu erwecken*

»Geloben will sie sich« – nur das Ich kann so über die eigene Seele verfügen! Bisher stand das »Nehmen« im Vordergrund, nun tritt eine Besinnung ein. Dem höchsten Ideal, der Macht der Liebe, gelobt sich die betende Seele an. Aber diese Gottesmacht kommt nicht nur von außen, sie lebt auch im Herzen eines jeden Menschen und kann erweckt werden. Das ist dann ein Sonnenaufgang im Mencheninnern!

Und sehen so Gottes Kraft
Auf ihrem Lebenspfade

Das Herzenslicht der Liebe macht sichtbar! Es macht den Menschen wahrnehmungsbereit für die göttlichen Kräfte, die überall erlebt werden können. Der Philosoph Empedokles (492–432) fügte das in den Satz: »Nur Gleiches kann Gleiches erkennen.« Goethe sagt es poetischer:

»Wär nicht das Auge sonnenhaft,
Die Sonne könnt es nie erblicken,
Läg nicht in uns des Gottes eigne Kraft,
Wie könnt uns Göttliches entzücken.«

Wir können unseren Schicksalsweg auch »Lebenspfad« nennen. Wer diesen Satz betet, lernt eine geistige Führung seines Schicksals anzuerkennen.

Und wirken in Gottes Sinn
Mit allem, was sie hat.

Wer der Liebe Macht in sich zu erwecken sucht, hat damit auch den Ansatz gefunden zu wissen, was innerhalb des eigenen Handelns im Sinne Gottes ist.

Durch dieses Gebet erhebt sich die Seele immer neu zu dem großen Menschheitsideal: Dem Leben und Tun aus echter Liebe. Durch das Beten erkraftet sich das tägliche Bemühen und Ringen und gewinnt die Stärke, sich auch durch Rückschläge nicht ablenken zu lassen.

III

ERGÄNZENDE TEXTE

DAS VATERUNSER

Vater unser,
  der du bist in den Himmeln!
Geheiliget werde dein Name.
Dein Reich komme zu uns.
Dein Wille geschehe,
  wie oben in den Himmeln,
  also auch auf Erden.
Unser alltägliches Brot gib uns heute;
und vergib uns unsere Schulden,
  wie wir vergeben unseren Schuldigern;
und führe uns nicht in Versuchung;
sondern erlöse uns von dem Bösen.

Denn Dein ist das Reich und die Kraft
und die Herrlichkeit in Ewigkeit.

Amen.

(Der Schluß: Denn Dein ist... ist eine
Hinzufügung der Urchristen.)

Der Johannesprolog

(Johannes-Evangelium 1, 1–18)

Im Urbeginne war das Wort, und das Wort war bei Gott, und ein Gott war das Wort.

Dieses war im Urbeginne bei Gott.

Alles ist durch dasselbe geworden, und außer durch dieses ist nichts von dem Entstandenen geworden.

In diesem war das Leben, und das Leben war das Licht der Menschen.

Und das Licht schien in der Finsternis, aber die Finsternis hat es nicht begriffen.

Es ward ein Mensch; gesandt war er von Gott, mit seinem Namen Johannes.

Dieser kam zum Zeugnis, auf das er Zeugnis ablege von dem Lichte, und daß durch ihn alle glauben sollten.

Er war nicht das Licht, sondern ein Zeuge des Lichtes.

Denn das wahre Licht, das alle Menschen erleuchtet, sollte in die Welt kommen.

Es war in der Welt, und die Welt ist durch es geworden, aber die Welt hat es nicht erkannt.

In die einzelnen Menschen kam es (bis zu den Ich-Menschen kam es); aber die einzelnen Menschen (die Ich-Menschen) nahmen es nicht auf.

Die es aber aufnahmen, die konnten sich durch es als Gottes Kinder offenbaren.

Die seinem Namen vertrauten, sind nicht aus Blut, nicht

aus dem Willen des Fleisches, und nicht aus menschlichem Willen, sondern aus Gott geworden.

Und das Wort ist Fleisch geworden und hat unter uns gewohnet, und wir haben seine Lehre gehöret, die Lehre von dem einigen Sohn des Vaters, erfüllt von Hingabe und Wahrheit.

Johannes leget Zeugnis für ihn ab und verkündet deutlich: Dieser war es, von dem ich sagte: Nach mir wird derjenige kommen, der vor mir gewesen ist. Denn er ist mein Vorgänger.

Denn aus dessen Fülle haben wir alle genommen Gnade über Gnade.

Denn das Gesetz ist durch Moses gegeben, die Gnade und die Wahrheit aber ist durch Jesus Christus entstanden.

Gott hat niemand bisher mit Augen geschaut. Der eingeborene Sohn, welcher im Innern des Weltenvaters war, er ist der Führer in diesem Schauen geworden.

Übersetzung von Rudolf Steiner

Gebete von Rudolf Steiner

Fürbitte-Gebet

Geister eurer Seelen, wirkende Wächter!
Eure Schwingen mögen bringen
Unserer Seelen bittende Liebe
Eurer Hut vertrauten Erdenmenschen.
Daß mit eurer Macht geeint,
Unsre Bitte helfend strahle
Den Seelen, die sie liebend sucht.

ABENDGLOCKENGEBET

Das Schöne bewundern,
Das Wahre behüten,
Das Edle verehren,
Das Gute beschließen:
Es führet den Menschen
Im Leben zu Zielen,
Im Handeln zum Rechten,
Im Fühlen zum Frieden,
Im Denken zum Lichte;
Und lehrt ihn vertrauen
Auf göttliches Walten
In allem, was ist:
Im Weltenall,
Im Seelengrund.

Ich schau in die Sternenwelt –
Ich verstehe der Sterne Glanz,
Wenn ich in ihm schauen kann
Gottes weisheitsvolles Weltenlenken.
Ich schau' ins eigene Herz –
Ich verstehe des Herzens Schlag,
Wenn ich in ihm spüren kann
Gottes gütevolles Menschenlenken.
Ich verstehe nichts vom Sternenglanz
Und auch nichts vom Herzensschlag,
Wenn ich Gott nicht schau' und spüre.
Und Gott hat meine Seele
Geführt in dieses Leben;
Er wird sie führen zu immer neuen Leben:
So sagt, wer richtig denken kann.
Und jedes Jahr, das man weiter lebt,
Spricht mehr von Gott und Seelenewigkeit.

Gebet

für Kinder über neun Jahren

Seh ich die Sonne,
Denk ich Gottes Geist.
Rühr ich die Hand,
Lebt in mir Gottes Seele.
Mach ich einen Schritt,
Wandelt in mir Gottes Wille.
Und wenn einen Menschen ich sehe,
Lebt Gottes Seele in ihm.
Und so lebt sie auch
In Tier und Pflanze und Stein.
Nimmer Furcht kann mich erreichen,
Wenn ich denke Gottes Geist,
Wenn ich lebe Gottes Seele,
Wenn ich wandle in Gottes Willen.

In einer Handschrift findet sich auch in
der zweiten und zwölften Zeile »dank«
und »danke« statt »denk« und »denke«.

Es freuet sich das Menschenauge
Am Schein der leuchtenden Sonne.
So freue die Seele sich auch
Am Gottesgeiste, der in allem lebt
Als die unsichtbare Sonne,
Die jedem Wesen liebend leuchtet.

Der Sonne Licht,
Es hellt den Tag
Nach finstrer Nacht:
Der Seele Kraft,
Sie ist erwacht
Aus Schlafes Ruh':
Du meine Seele,
Sei dankbar dem Licht,
Es leuchtet in ihm
Des Gottes Macht;
Du meine Seele,
Sei tüchtig zur Tat.

Die Sonne sendet
Zur Erde ihr Licht;
Der Gottesgeist,
Er strahlet hell
Im Sonnenlicht.
Die Pflanzen trinken
Das Sonnenlicht,
So wachsen sie
Auf Feld und Wiese
Und sind des Gottesgeistes
Geliebte Kinder –
Und Menschen tragen
Im Herzen und in der Seele
Den Gottesgeist;
In ihren Händen
Da wirket der Gottesgeist;
Ich liebe den Gottesgeist,
weil er in mir lebet.

TISCHGEBET

Es keimen die Pflanzen in der Erdennacht,
Es sprossen die Kräuter durch der Luft Gewalt,
Es reifen die Früchte durch der Sonne Macht.

So keimet die Seele in des Herzens Schrein,
So sprosset des Geistes Macht im Licht der Welt,
So reifet des Menschen Kraft in Gottes Schein.

Anmerkungen und weitere Literatur

Die Gebete und Sprüche Rudolf Steiners sind mit freundlicher Genehmigung der Rudolf-Steiner-Nachlaßverwaltung, Dornach/ Schweiz, folgenden Ausgaben entnommen:

Gebete für Mütter und Kinder. Mit dem Vortrag »Das Leben zwischen Geburt und dem Tode als Spiegelung des Lebens zwischen Tod und neuer Geburt.« Dornach [7]1994

Wahrspruchworte. GA Nr. 40, Dornach [7]1991

1 Rudolf Steiner, Metamorphosen des Seelenlebens II, Vortrag vom 17. 2. 1910, GA Nr. 59, Dornach [5]1971
2 Es sei auch hingewiesen auf das Buch »Licht vom unerschöpften Lichte«, Gebete und Sprüche, gesammelt von Anne Soeder und Christoph Rau. Stuttgart [3]1992
3 Siehe hierzu auch: R. Steiner, Die Pforte der Einweihung, 1. Akt, In: Vier Mysteriendramen, GA Nr. 14, Dornach [4]1981
4 Wer sich für das eigene Beten orientieren und helfen lassen möchte, der sei besonders auf das Buch von H.-W. Schroeder: »Das Gebet«, Stuttgart [3]1988, aufmerksam gemacht.
5 Rudolf Steiner, Vortrag v. 15. 4. 1923, GA Nr. 306
6 Es sei hier verwiesen auf die Sammlung »Erdenspeise – Gotteskraft«, herausgegeben von Christoph Rau, Stuttgart [3]1990
7 Vortrag vom 17. 2. 1910, Siehe Anmerkung 1
8 Rudolf Steiner, Vortrag vom 28. 10. 1909, in: Metamorphosen des Seelenlebens I, GA Nr. 58, Dornach [5]1984
9 Siehe dazu: R. Steiner: Die geistige Führung des Menschen und der Menschheit. GA Nr. 15, Dornach [10]1987. K. König: Die ersten drei Jahre des Kindes. Stuttgart [9]1994

Marieke Anschütz, *Religiöse Erziehung.* Anregungen für das Leben mit Kindern. Stuttgart 1992
Brigitte Barz, *Feiern der Jahresfeste mit Kindern.* Stuttgart [5]1992
Marta Heimeran, *Von der Religion des kleinen Kindes.* Stuttgart [6]1995
Johannes Lenz, *Die Taufe.* Das Sakrament der Christwerdung. Stuttgart 1991
–, *Der Gottesdienst für die Kinder.* Stuttgart 1982
–, *Die Konfirmation.* Von der Kindheit zur Jugend. Stuttgart [2]1988

Aus dem Spruchgut von
Rudolf Steiner

Wahrspruchworte

Ausgabe innerhalb der Rudolf Steiner Gesamtausgabe:
Anthroposophischer Seelenkalender; Planetentanz – Zwölf
Stimmungen – Das Lied von der Initiation (eine Satire);
Wahrspruchworte – Richtspruchworte; Wahrsprüche und
Widmungen; Gebete; Credo. Der Einzelne und das All

GA 40, Leinenband mit Schutzumschlag, 304 Seiten
ISBN 3-7274-0400-0

Als Einzelausgaben liegen vor:

Anthroposophischer Seelenkalender

Zweiundfünfzig Wochensprüche als Begleiter der Seele
durch den Jahreslauf

80 Seiten, kleines Querformat
Leinen, ISBN 3-7274-5228-5; kartoniert, ISBN 3-7274-5229-3
Ledermaterial, ISBN 3-7274-5230-7

Gebete für Mütter und Kinder

Eine Sammlung von Gebeten und Sprüchen, ergänzt um
einen Vortrag in Dornach am 2. Februar 1915: Das Leben
zwischen der Geburt und dem Tode als Spiegelung des
Lebens zwischen Tod und neuer Geburt

64 Seiten, kartoniert, ISBN 3-7274-5156-4

RUDOLF STEINER VERLAG, DORNACH / SCHWEIZ